PAULO TADEU

O MELHOR DO PROIBIDO PARA MAIORES

SELEÇÃO ESPECIAL DE PIADAS PARA CRIANÇAS

© 2014 – Paulo Tadeu
Direitos em língua portuguesa para o Brasil:
Matrix Editora - Tel. (11) 3868-2863
atendimento@matrixeditora.com.br
www.matrixeditora.com.br

Capa e diagramação
Daniela Vasques

Revisão
Adriana Wrege

Ilustrações: Shutterstock.com

Dados Internacionais de Catalogação na Publicação (CIP)
SINDICATO NACIONAL DOS EDITORES DE LIVROS, RJ.

Tadeu, Paulo, 1964-
O melhor do Proibido para Maiores : seleção especial de piadas para crianças / Paulo Tadeu. - 1. ed. - São Paulo : Matrix, 2014.
80 p. : il. ; 28 cm.

ISBN 978-85-8230-159-3

1. Anedotas - Literatura infantojuvenil. 2. Literatura infantojuvenil brasileira. I. Título.

14-16488

CDD: 028.5
CDU: 087.5

O melhor do PROIBIDO PARA MAIORES

Para o Guilherme,
que é o motivo de eu
ter tantos livros de
piadas para crianças.

HA HA HA

O menino estava na escola havia pouco tempo. Estava começando a aprender a escrever. Ele ganhava uma mesada, mas gastava o dinheiro em coisas que a mãe considerava inúteis.

Para ensinar a ele o valor do dinheiro e tentar evitar algumas dessas compras, a mãe pediu-lhe que fizesse uma relação detalhada de tudo o que gastava com a mesada. Um dia, ele estava escrevendo com muito esforço essa relação e falou:

– Sabe, mamãe? Desde que eu comecei a anotar tudo o que gasto, sempre penso bem antes de comprar alguma coisa...

A mãe abriu um sorriso, porque percebeu que sua tática estava funcionando. E o filho continuou:

– Eu nunca compro nada que seja difícil de escrever.

Dois amigos estavam conversando. Aí, um deles diz que há um curso de inglês pelo rádio, que eles poderiam escutar o tal curso todos os dias e, em poucos meses, se reencontrar para ver quanto cada um tinha aprendido do novo idioma.

Um morava na cidade, e o outro, no interior. Cada um foi para sua casa.

Passados alguns meses, eles se veem. O que morava na cidade, onde o rádio pegava bem, já chegou arrasando no inglês:

– *Hello, my friend. How are you?*

O que morava no interior, onde aquela estação de rádio não pegava, falou o que tinha aprendido:

– Ssssssssshhhhh! Ssssshhhh!

***

O papai piolho estava passeando com seu filho piolhinho pela cabeça de um careca e comentou:

– Quando eu tinha a sua idade, isto aqui era um bosque muito bonito.

***

Um dia a mãe do Saci pediu a ele que fosse à padaria comprar pão. Antes de o Saci sair de casa, a mãe, que estava com pressa, disse:

– Filho, vá num pé e volte no outro!

O Saci saiu e nunca mais voltou.

O professor pergunta ao Joãozinho:
– Quem descobriu a América?
O Joãozinho responde:
– Mas, professor, eu nem sabia que ela estava perdida...

A Juliana convida o João:
– João, quer ir à festa de 15 anos da minha irmã?
O João pensa um pouco e diz:
– Claro, Juliana, mas não poderei ficar mais que dois anos, tá?

***

À porta de uma casa, um garotinho esticava o braço, tentando alcançar a campainha. Passa por ali um policial e pergunta ao menino se ele quer ajuda.
– Sim, seu guarda, será que dava para o senhor tocar a campainha por mim?
O policial assim fez. No instante em que toca a campainha, o menino sai correndo, gritando:
– Agora é melhor o senhor correr também, porque o pessoal dessa casa costuma jogar água em quem toca a campainha e sai correndo!

Na aula de História perguntaram ao Jaime:
– O que é que aconteceu em 1822?
O Jaime respondeu:
– Como é que eu posso saber, se ainda não tinha nascido?

***

O sujeito estava jantando em um restaurante, mas a comida era tão ruim que ele não aguentou e falou para a garçonete:
– Moça, eu não consigo engolir esta comida! Chame o gerente.
Muito calma, ela respondeu:
– Acho que não vai adiantar, senhor, essa comida é tão ruim que o gerente também não vai conseguir comer.

Um homem vai ao médico:
– Doutor, eu sinto que sou um sapo.
– E desde quando você sente isso?
– Acho que desde que eu deixei de ser um girino.

Uma senhora estava se sentindo sozinha e resolveu comprar um animal de estimação. Chegou ao *pet shop*, chamou o vendedor e disse:

– Eu quero um animal que me diga bom-dia quando eu sair e boa-noite quando eu chegar do trabalho.

– Tenho esse papagaio aqui. Quando você puxa a pata direita ele diz bom-dia, e quando você puxa a esquerda ele diz boa-noite.

A mulher, intrigada, pergunta:

– E se puxar as duas patas?

O papagaio responde:

– Aí eu caio!

***

Dois anjos conversam:

– Como será o tempo amanhã?

– Acabo de ouvir no rádio que vai ficar o dia todo nublado.

– Que bom! Assim a gente vai ter lugar pra sentar.

O Pedrinho entra no avião, para sua primeira viagem. Todo feliz da vida, acomoda-se ao lado da mãe, junto à janela. O avião levanta voo. Depois de observar as hélices se movimentando, ele se vira para a mãe e comenta:
– Mãe, com todo esse calor, por que colocaram os ventiladores do lado de fora?

***

O menino chega triste da escola:
– Pai, a professora me deu zero na redação porque eu não coloquei nenhuma vírgula.
– Que é isso, filho, deixe de tristeza! Pegue aqui estes cinco reais e vá até a papelaria comprar logo uns dois pacotes.

Na floresta estavam uma formiguinha no chão e um grilo em cima da árvore. Um elefante que passava por lá não vê a formiga e caminha na direção dela. Imediatamente o grilo grita:

– Elefante, cuidado com a minha amiga formiga, você vai pisar nela!

O elefante para e muda o caminho. Logo em seguida, porém, a formiguinha esbraveja para o grilo:

– Por que você gritou para o elefante? Não estava vendo que eu ia passar uma rasteira nele?

***

Dois gatos estavam conversando.
O primeiro disse:
– Miaauuu!
O segundo respondeu:
– Nossa, você tirou as palavras da minha boca!

Um homem entra no consultório do médico e pergunta:

– Doutor, quanto o senhor cobra para ir à minha casa, fazer uma consulta?

O médico diz:

– Cinquenta reais.

O homem fala:

– Então vamos lá, doutor!

Os dois entram no carro do médico e vão até a casa do homem, que mora muito longe. Quando chegam lá, o médico pergunta:

– Para quem é a consulta?

O homem responde:

– Pra ninguém, doutor.

O médico diz:

– Mas o senhor não perguntou pra mim quanto custava a consulta?

O homem diz:

– Perguntei, doutor.

O médico pergunta:

– Bom, mas e aí?

O homem responde:

– Sabe o que é, doutor? É que eu perguntei para o taxista quanto custava para me trazer aqui em casa, e ele falou que eram 80 reais. Como o senhor disse que eram 50, resolvi vir com o senhor.

Duas bolas de gude estavam na beira da escada, quando uma falou:
– Olha a escada-da-da-da-da-da...
E a outra respondeu:
– Que escada-da-da-da-da-da-da...?

***

A mãe pergunta ao filho:
– Se eu tenho cinco moedas e dou três para você, com quantas eu fico?
O filho pensa, pensa e fala:
– Não sei...
– Como assim, não sabe? Não ensinaram a fazer essa conta na escola?
– É que na escola só fazemos contas com maçãs e laranjas.

A professora pergunta para o Rodrigo:
– Onde fica a América?
E o Rodrigo responde apontando no mapa. A professora, então, pergunta para o Pedro:
– Quem descobriu a América?
E Pedro responde:
– Foi o Rodrigo, professora!

***

Um turista pergunta para um senhor que passa na rua:
– Por favor, que ônibus devo tomar para chegar à praia?
– É fácil, tome o de número 122.
Horas depois, aquele senhor passa por ali e encontra o turista no mesmo lugar.
– Ainda está esperando o ônibus?
– O senhor não disse para eu tomar o 122? Pois então, até agora eu já contei 98.

Último dia de aula, os alunos resolvem presentear a professora.

O filho do dono de uma doceria entrega-lhe uma caixa. Ela dá uma sacudidinha e pergunta:

– São bombons?

– Acertou, professora!

A filha do dono da livraria entrega-lhe o seu embrulho.

– Esse está pesado. Acho que é um livro...

– Acertou, professora!

O filho do dono de um supermercado entrega-lhe o seu presente. Ela nota um pequeno canto molhado na embalagem, passa o dedo, apanha uma gota, coloca na boca e arrisca:

– É um suco?

– Não, professora.

Ela experimenta mais uma gota.

– É algum refrigerante?

– Também não...

– Desisto! O que você me deu?

E o menino:

– Um cachorrinho...

Um sujeito vivia sozinho, até que decidiu que sua vida seria melhor se tivesse um animalzinho de estimação como companhia. Então ele foi até o *pet shop* e falou ao dono da loja que queria um bichinho que fosse incomum. Depois de um tempo, chegaram à conclusão de que ele deveria ficar com uma centopeia. Um bicho tão pequeno, com 100 pés, é realmente incomum!

A centopeia veio dentro de uma caixinha branca, que seria usada para ser a sua casinha. Ele levou a caixinha para casa, achou um lugar para colocá-la e resolveu que o melhor começo para sua nova companhia seria levá-la até a lanchonete para tomarem um suco. Ele se aproximou da caixinha e perguntou à centopeia:

– Ei, você quer ir comigo à lanchonete?

Não houve resposta da sua nova amiguinha. Ele ficou meio chateado. Esperou um pouco e perguntou de novo:

– Que tal ir comigo até a lanchonete?

De novo, nada de resposta da pequena amiga. E de novo ele esperou mais um pouco, pensando e pensando sobre o que estaria acontecendo. Decidiu perguntar de novo, mas desta vez chegou o rosto bem mais perto da caixinha e gritou:

– Ei, você aí! Quer ir comigo até a lanchonete tomar um suco?

Uma voz bem baixinha veio lá de dentro:

– Ei, não precisa gritar tanto! Eu ouvi desde a primeira vez! Estou calçando os sapatos!

Uma mulher desembarca do metrô e um passageiro grita:
– Ei! A senhora esqueceu um pacote no assento.
– Eu sei – ela respondeu.
– Mas a senhora não vai levá-lo?
– Não precisa. Estou deixando um sanduíche para o meu marido. É que ele trabalha na seção "Achados e Perdidos".

***

Qual é a época mais difícil para comprar uma passagem para a Lua? Quando a Lua está cheia.

Um homem entra no prédio e vai para o elevador. A ascensorista pergunta:
– Em que andar o senhor vai descer, por favor?
– Ah, agora pode ser qualquer um. Já entrei no prédio errado mesmo.

***

O pai pergunta:
– Filho, você acha que sua professora desconfia que eu ajudo você a fazer a lição de casa?
– Acho que sim, pai. Ela até já me disse que você deveria voltar pra escola!

Joãozinho estava entusiasmado com sua primeira visita a uma fazenda no interior. Ao explorar o terreno ao redor da sede da fazenda, ele encontrou um monte de caixas de leite vazias. O menino voltou correndo para a casa, chamando a mãe:
– Mãe, vem aqui depressa! Encontrei um ninho de vaca!

***

O professor fala:
– Joãozinho, diga o presente do indicativo do verbo caminhar.
Joãozinho:
– Eu ca... mi... nho... Tu ca... mi... nhas... Ele ca... mi... nha...
Professor:
– Mais depressa!
Joãozinho:
– Nós corremos, vós correis, eles correm!

O sujeito bate à porta da casa e é atendido por uma moça:
– Bom dia, eu sou o afinador de piano – o rapaz se apresenta.
– Mas eu não mandei chamar um afinador de piano! – responde a moça.
– Eu sei! – diz o afinador. – Foram seus vizinhos que ligaram.

***

Um homem conversa com três malucos e pergunta ao primeiro:
– Quantos são 3 + 2?
– 380.
Aí ele pergunta para o segundo:
– Quantos são 3 x 3?
– Segunda-feira.
Por fim, ele se dirige para o terceiro maluco:
– Você, me diga quantos são 2 + 2.
– Quatro.
– Que bom, até que enfim alguém acertou. E como você descobriu que são quatro?
– Ah, foi fácil, eu fiz a conta: 380 menos segunda-feira.

***

O menino vai à lanchonete da escola e fala para o cozinheiro maluco:
– Me dá dois cachorros-quentes, um sem mostarda e o outro com.
O cozinheiro pergunta:
– Qual deles?

Um elefante passava todos os dias por cima de um formigueiro e sempre destruía a entrada. Um dia, as formigas fizeram uma reunião e decidiram que na próxima vez em que o elefante passasse por ali elas o matariam.

No dia seguinte, elas ficaram à espera. Quando o elefante passou, subiram nele. O elefante se sacudiu e todas as formigas caíram, menos uma, que se agarrou ao pescoço dele.

Então, todas as que haviam caído começaram a gritar:
– Esgana ele, esgana ele!

***

Dois amigos se encontram:
– Oi, tudo bem?
– Tudo ótimo! Eu estou muito feliz porque fui ao dentista arrancar três dentes.
– Ué, você foi ao dentista arrancar três dentes e está feliz? Por quê?
– Porque ele não foi.

Um menino fez uma armadilha e conseguiu capturar dois grilos. Então, ele os colocou cuidadosamente em uma caixa, para mostrar a um amigo.

Pegou a caixa e a deixou no quarto.

De manhã, a empregada foi limpar o quarto e abriu a caixa para ver o que tinha dentro. Os grilos saíram voando. A empregada colocou a caixa no lugar e não falou nada para o menino.

Mais tarde, ele entra no quarto acompanhado do amigo, a fim de mostrar a ele os bichos.

Ao abrir a caixa, descobre que está vazia.

Aí ele, surpreso, comenta com o amiguinho:

– Ih, não sei o que aconteceu. Acho que um engoliu o outro.

***

O menino vai pescar com o pai. Dentro do barco, no meio do rio, ele fala:

– Pai, como os peixes respiram debaixo d'água?

– Não sei, meu filho!

Pouco depois, outra pergunta:

– Pai, por que as folhas das árvores são verdes?

– Não sei, meu filho!

E mais uma:

– Pai, por que o sol é quente?

– Isso eu também não sei, meu filho.

– Pai, você se incomoda de eu ficar fazendo tantas perguntas?

– Claro que não, meu filho! Se você não perguntar, nunca vai aprender nada!

Um menino estava preparando uma festa e, curioso, um amigo pergunta:
– O que você está fazendo?
– Estou preparando a festa surpresa da minha mãe!
– Você quer que eu te ajude?
O menino responde:
– Não precisa, minha mãe já está me ajudando!

Uma professora de creche observava as crianças de sua turma desenhando. Ao ver uma menina que trabalhava intensamente, aproximou-se e perguntou o que ela desenhava. A menina respondeu:
– Estou desenhando Deus.
A professora parou e disse:
– Mas ninguém sabe como é Deus.
Sem piscar e sem levantar os olhos de seu desenho, a menina respondeu:
– Saberão dentro de um minuto.

***

Por que o maluco colocou o computador dentro da piscina?
Para navegar na internet.

***

O que um cachorro disse para o outro debaixo da árvore de Natal?
– Cara, até que enfim colocaram luz no nosso banheiro!

Dois homens estavam trabalhando para a prefeitura de uma cidade. Um escavava um buraco e o outro vinha atrás e voltava a encher o buraco. Trabalharam num lado e no outro da rua. Passaram à rua seguinte. Sem nunca descansar, um escavava um buraco e o outro enchia o buraco de terra outra vez. Uma mulher passava pela rua e achou aquilo muito estranho. Aí ela foi perguntar ao cavador:

– Estou impressionada com o esforço que os dois põem no trabalho, mas não compreendo por que um escava um buraco e, mal acaba, o parceiro vem atrás e volta a enchê-lo.

O cavador, limpando a testa, suspira:

– Bem, somos três homens na equipe, mas o que planta as árvores não veio trabalhar hoje...

***

Um homem vai ao médico reclamando de fortes dores de estômago. O médico pergunta:

– O que você acha que pode ter causado esse problema?

– Acho que foi o meu almoço de ontem – o homem responde.

– O que você comeu? – pergunta o médico.

– Ostras – responde o sujeito.

– E de que cor elas estavam quando você as abriu?

O homem olhou para o médico, assustado, e falou:

– Era pra abrir?

***

Um menino de três anos foi com o pai ver uma ninhada de gatinhos que havia acabado de nascer. De volta a casa, contou para a mãe que havia gatinhos e gatinhas.

– Como você soube disso? – perguntou a mãe.

– Papai os levantou e olhou por baixo – respondeu o menino. – Acho que a etiqueta estava ali.

A professora pergunta para o Juquinha:
– Juquinha, diga cinco alimentos que contêm leite.
– Cinco vacas, professora.

* * *

O que é que só tem cabeça à noite?
O travesseiro.

* * *

O ladrão entra na biblioteca e fala:
– A bolsa ou a vida!
A bibliotecária responde:
– Qual é o autor?

Um homem muito gripado vai ao médico:
– Doutor, minha situação está muito ruim. O que eu faço?
– Tome estes comprimidos e volte daqui a uma semana.
Sete dias depois, o homem volta, mas está na mesma situação:
– Doutor, o remédio não adiantou nada.
– Hum, então vou lhe dar uma injeção. Volte daqui a três dias.
Passados os três dias, o homem volta, mas nada de ter melhorado.
– Doutor, e agora, o que eu faço?
– Já sei: aproveite que hoje está bem frio. Vá para casa, tome um banho bem quente e depois saia na rua só de bermuda.
– Doutor, mas assim eu vou pegar uma pneumonia.
– Eu sei. Mas pelo menos pneumonia eu sei curar.

* * *

Um cara se achava muito inteligente e achava que o outro cara era burro. Resolveram, então, fazer uma brincadeira: eles fariam perguntas um ao outro e, se o burro não soubesse a resposta, ele pagaria um real ao outro. Se o inteligente não soubesse a resposta, ele deveria pagar 100 reais, por ser o mais inteligente.

O inteligente começa:
– O que é que tem quatro patas e mia?
– Não sei. Toma um real – responde o burro.
– O que é que tem quatro patas e late?
– Não sei. Toma um real – diz o burro.
– Agora faz uma pergunta você – pede o inteligente.
– Tá bom! O que é que tem oito patas de manhã e quatro de tarde?
O inteligente pensa, pensa, pensa, mas, depois de uma hora sem achar a resposta, acaba desistindo:
– Não sei, toma 100 reais. O que é, hein?
– Não sei, toma um real.

Duas amiguinhas conversavam:
– A minha avó mora em São Paulo, e a sua?
– No aeroporto.
– No aeroporto? Como assim?
– É que toda vez que nós queremos ver a vovó, vamos até o aeroporto e a trazemos para casa. Depois de uma semana, levamos a vovó de volta para lá!

* * *

Joãozinho combina com um amigo um esquema para colar durante a chamada oral da tabuada:
– Faz o seguinte: você escreve a tabuada na gola da sua camisa. Aí, eu fico sentado atrás de você e vou conseguir ler tudo, sem a professora perceber.
O amigo faz o que o Joãozinho imaginou e, no dia seguinte, a professora pergunta:
– Joãozinho, me diga a tabuada do 5.
– Cinco vezes um, cinco; cinco vezes dois, dez; cinco vezes três, quinze; cem por cento algodão...

* * *

A escola manda a turma do pré a uma delegacia para aprender como a polícia trabalha. Joãozinho vê um cartaz com 10 fotos dos assaltantes mais procurados. Ele aponta para uma das fotos e pergunta ao policial se aquele é realmente um assaltante perigoso procurado.
– É, sim – responde o guarda. – Os investigadores o estão caçando neste momento.
Joãozinho responde:
– Por que vocês não o prenderam quando tiraram a foto?

O dentista atende um paciente louco, do qual tinha tirado um dente um dia antes:
— E aí, seu dente parou de doer?
— Sei lá, o doutor ficou com ele.

* * *

Nos correios, estavam precisando contratar carteiros. Aí, para selecionar as pessoas que iam ser contratadas, resolveram fazer um teste escrito. A primeira questão era: "Qual é a distância entre a Terra e a Lua?".
Um dos candidatos se levanta no ato e devolve a prova, em branco, ao examinador:
— Se é para trabalhar nesse percurso, eu desisto do emprego.

Um menino está chorando muito, sentado na calçada. Um amigo dele, comovido, para e pergunta:
– Nossa, o que foi que aconteceu?
– Meu cachorrinho, eu perdi meu cachorrinho!
– Calma, acho que a gente pode fazer alguma coisa para tentar encontrá-lo.
– O quê?
– A gente podia colocar um anúncio no jornal.
– Buááá! Não vai adiantar...
– Por que não vai adiantar?
– Porque o meu cachorro não sabe ler.

* * *

Por que o maluco deixou a vaca sem beber água?
Para ver se ela dava leite em pó.

Um homem chega ao consultório com uma placa pendurada no pescoço, na qual se lê:

"Doutor, me ajude, não consigo falar".

O médico examina o homem e pede que ele coloque a mão em cima da mesa.

O homem obedece. De repente, o médico pega um martelo e dá uma pancada nos dedos do sujeito, que começa a gritar:

– Aaaaaaaaaaaaaaa!

O médico abre um sorriso e fala:

– Muito bom. Agora o senhor volta aqui amanhã e vamos cuidar da letra B.

***

Um menino está num restaurante com seus pais. Aí, ele fica muito apertado, morrendo de vontade de fazer xixi. Ele chega perto do garçom, pede ao moço que se abaixe e fala no ouvido dele:

– Moço, onde é o banheiro?

– Do outro lado – responde o garçom.

O menino, então, dirige-se ao outro ouvido do garçom e fala:

– Moço, onde é o banheiro?

***

Um maluco recebeu uma carta. Ao abri-la, viu que estava em branco. Uma amiga dele perguntou:

– Por que está em branco?

– Foi o meu irmão que mandou. Estamos de mal e não nos falamos há 10 meses.

O pai, orgulhoso do filho, exibe-o aos amigos.
— Ele já conhece as letras do alfabeto, não é, Carlinhos?
— É – responde o menino.
— Diga pra eles qual é a primeira letra do alfabeto, Carlinhos.
— É a letra A.
— Viram? Meu garoto é um gênio! Agora, Carlinhos, diga o que vem depois da letra A.
— Depois do "A" vêm as outras letras...

***

No restaurante, o freguês desesperado chama o garçom:
— Garçom, olha, tem uma mosca no meu prato!
— Isso é o desenho do prato, senhor.
— Como assim, desenho do prato? Não está vendo que ela está se mexendo?
— É desenho animado!

***

Três escoteiros comunicaram ao chefe que já haviam praticado a sua boa ação do dia.
— Ajudamos uma velhinha a atravessar a rua – disseram eles.
— Isso foi uma boa ação – declarou o chefe, sorrindo satisfeito. – Mas por que foram necessários vocês três para ajudá-la a atravessar a rua?
— Porque ela não queria atravessar – explicou um dos escoteiros.

***

Dois malucos vinham andando de quatro no meio da linha do trem. Um fala para o outro:
— Pô, esta escada não termina nunca?
— Pior é o corrimão, que é muito baixo.

Dois amigos conversam:
– Me explica uma coisa, como foi que você começou com essa história de ser domador de elefantes?
– Eu explico. Eu era domador de pulgas, mas, como comecei a enxergar mal, resolvi trabalhar com bichos maiores.

* * *

O maluco um dia arrumou um emprego. Um amigo o encontrou e perguntou o que ele fazia:
– Sou agente secreto!
– Ah, é? Mas o que exatamente você faz?
– Sei lá... É tudo tão secreto que eu não descobri ainda!

No quartel, um soldado está de sentinela. Atento, ele observa um monte de soldados vindo em sua direção. Imediatamente avisa o sargento, que pergunta:
– São amigos ou inimigos?
– São amigos, sargento, estão vindo todos juntos.

* * *

Dois ladrões – um muito agitado e o outro muito preguiçoso – assaltam um banco e param o carro uns quilômetros à frente, com o produto do roubo.
O agitado pergunta ao preguiçoso:
– E aí, vamos contar o dinheiro?
– E pra que esse trabalhão? Vamos esperar o noticiário da TV...

Em cima de um muro havia cinco macacos brincando de imitação. Um caiu. Quantos ficaram?

Nenhum, porque eram macacos brincando de imitação, e, como um pulou, os outros também pularam!

* * *

O Juquinha pergunta para a professora:
– Professora, como se faz pra colocar um elefante na geladeira?
A professora responde:
– Não sei... Como é?
– Abre a porta da geladeira e coloca ele lá. E como se faz pra colocar uma girafa dentro da geladeira?
A professora, se achando esperta, responde:
– Abre a porta e coloca ela lá...
– Não, professora, primeiro tem que tirar o elefante que está lá e depois colocar a girafa.
A professora faz uma careta.
– Professora! – diz Juquinha. – O leão, rei da floresta, fez uma festa e todos os animais foram, menos um. Qual era?
– Não sei, Juquinha...
– A girafa. A coitada ainda estava na geladeira!
A professora dá uma risadinha.
– Professora!
– QUE É, JUQUINHA?
– Como se faz pra atravessar um rio cheio de jacarés?
– Pega um barco e atravessa, Juquinha.
– Não, atravessa nadando.
– Mas e os jacarés, Juquinha?
– Estão na festa do leão!

A bicharada resolveu fazer uma grande festa no céu, e, quando o baile estava prestes a começar, descobriram que faltava um violão.

Imediatamente o leão, que era o responsável pelas músicas, virou-se para o bicho-preguiça e ordenou:

– Bicho-preguiça! Vá buscar um violão lá na Terra!

Uma semana se passou e nada de o bicho-preguiça voltar com o instrumento. Muito chateados, os animais se reuniram e foram reclamar com o leão:

– Isso já é demais! Que falta de consideração! – disse um.

– O bicho-preguiça não vale nada! – esbravejou o jacaré.

– Ele não tem palavra – falou a hiena.

Estavam nessa discussão quando, de repente, a porta se abre e surge o bicho-preguiça, com uma cara triste:

– Se vocês continuarem falando mal de mim eu não vou mais!

***

Em um cinema ao ar livre, o sujeito nota um garoto com um cachorro que ri muito do filme. Espantado, comenta com o dono do animal:

– Cara, estou impressionado! Seu cachorro não para de rir!

– Eu também estranhei, porque ele detestou o livro.

No consultório, o médico pergunta ao paciente:
– E aí, o senhor tomou aquele remédio que eu lhe receitei?
O paciente responde:
– Não consegui, doutor.
– Por quê?
– Porque no rótulo do vidro estava escrito: "Conserve esta embalagem bem fechada".

***

A menina pede uma coisa bem diferente para a mãe:
– Mãe, compra uma geladeira bem grande e uma vaca?
– Por que você quer isso?
– Para eu poder tomar leite gelado.

Na hora do recreio, dois garotos vão até a enfermaria da escola.
– O que houve? – pergunta a enfermeira.
– É que eu engoli uma bola de gude – responde um dos garotos.
– E você? – a enfermeira pergunta ao outro garoto.
– A bola é minha. Estou esperando por ela.

***

O que acontece se a gente cruzar um elefante com um canguru?
Vai ter um monte de terremotos na Austrália.

***

Num museu de história natural, um homem chega perto de um dos vigilantes:
– Ei, moço, você sabe quantos anos tem o fóssil desse dinossauro?
– Tem 4 bilhões de anos, 3 meses, 1 dia e 4 horas.
– Uau! Mas como você sabe isso com tanta precisão?
– É que quando eu comecei a trabalhar aqui, me falaram que esse esqueleto tinha quatro bilhões de anos. Como já faz 3 meses, 1 dia e 4 horas que estou aqui, foi só fazer as contas.

***

O homem entra num bar e pergunta:
– Quanto custa um cafezinho?
– Dois reais – responde o balconista.
– E o açúcar?
– O açúcar é de graça!
– Então me vê três quilos.

Uma formiga estava mancando. Aí ela se encontra com outra formiga, que pergunta:
– Amiga, por que você tá andando desse jeito?
A primeira responde:
– Ai, amiga, os meus pés estão formigando...

* * *

Qual é o prato favorito dos gulosos?
O prato cheio.

* * *

À noite, o pai e seu filho estão na sala, assistindo à novela. O pai fala com o menino:
– Filho, você trocou a água dos peixes hoje?
– Não, pai. Eles ainda nem beberam a que eu coloquei ontem.

Por que a roda do trem é de ferro?
Porque se fosse de borracha apagaria a linha.

***

Como se faz para um elefante não passar pelo buraco da fechadura?
A gente dá um nó no rabo dele.

***

Um dia o filho chega gritando:
– Pai, pai, os alienígenas são amigos ou inimigos?
E o pai pergunta:
– Por quê, meu filho?
– Porque eles estão levando aquela titia de quem você não gosta.
– Então são amigos.

Um cara chega a uma lanchonete e vê uma placa:

"Fazemos qualquer sanduíche. Se não conseguirmos atender a um pedido seu, você ganha 200 reais".

Aí ele entra, para ver se era verdade, e faz um pedido:

– Quero um sanduíche de peito de lesma do deserto do Saara num pão francês.

O garçom anota o pedido e vai para a cozinha. Depois de uns dez minutos, sai o cozinheiro e entrega 200 reais para o cliente, dizendo:

– Aqui está o seu dinheiro, senhor. É a primeira vez, desde que a lanchonete abriu, que a gente fica sem pão francês.

* * *

O mosquitinho pergunta para a mãe:
– Mãe, mãe, manhê!
– O que é, menino?
– Deixa eu ir no teatro?
– Não deixo, não.
– Ah, mãe, por favor, por favor...
– Já disse que não!
– Ah, mãe... Deixa, vai?
– Tá bom, tá bom... Mas cuidado com as palmas!

* * *

O pai pergunta para o filho:
– Ei, filho, por que você tanto coça a barriga?
– É que um mosquito me picou.
– Mas ele conseguiu picar você por baixo da camisa? Que mosquito esperto, hein?
– É, sim, é um mosquito que tem lá na escola. Mosquito que estuda é mais esperto que os outros.

Um homem estava subindo em um poste quando outro passava por ali e, supercurioso, resolveu perguntar:
– O que o senhor está fazendo em cima desse poste?
– Quero comer goiaba!
– Mas isso não é um pé de goiaba, é um poste!
– Eu sei, a goiaba está no meu bolso!

* * *

– Juquinha – argumentava a professora –, suponha que sejamos convidados para almoçar na casa de um amigo. Acabado o almoço, o que devemos dizer?
– Cadê a sobremesa?

Como é que um polvo macho pede um polvo fêmea em casamento?
– Eu queria pedir a sua mão, a sua mão, a sua mão, a sua mão, a sua mão, a sua mão, a sua mão e a sua mão em casamento.

***

Um carteiro chegou à casa de dona Filó para entregar uma carta e viu uma placa dizendo: CUIDADO COM O PAPAGAIO!
– Só pode ser gozação. Quem vai ter medo de um papagaio?
Então, o carteiro entrou no quintal para deixar a carta. Foi quando o papagaio gritou:
– Pega, Rex! Pega, Rex!

***

Depois da prova, o Pedrinho pergunta para o Joãozinho:
– E aí, Joãozinho, o que você escreveu na prova?
– Não escrevi nada. E você?
– Eu também deixei tudo em branco.
– Ih, acho que a professora vai pensar que a gente colou.

***

O que o ratinho disse quando viu o morcego?
– Olha, mamãe, um anjo!

***

Sabe o que o Batman falou para o Homem Invisível?
– Cara, há quanto tempo não te vejo!

Um pato vai subindo uma ladeira e põe um ovo. O ovo desce ou sobe?
Pato não põe ovo, quem põe ovo é a pata.

***

– Mãe, sabe o nosso cachorro, o Bolão? Ele passou o dia brincando na lama e ficou todo lambuzado. Agora, adivinhe só o que aconteceu quando ele entrou todo sujo no seu quarto e subiu na sua cama, que estava forrada com aquelas cobertas de seda branca!

***

O que é que de dia tem quatro pés e de noite tem seis?
A cama.

***

No galinheiro, duas galinhas conversam:
– Ai, Marinete, ontem à noite eu passei muito mal!
– Por quê, Marilu?
– Porque eu estava ardendo em febre.
– Mas como você sabe, se nem termômetro nós temos?
– É que eu botei um ovo cozido.

Qual o animal preferido pelo vampiro?
A girafa.

***

O empregado da fazenda era encarregado de tirar leite da vaca todos os dias. Ele sempre voltava com um balde cheio de leite fresquinho. Um dia, porém, ele veio andando com o balde vazio.
O patrão dele achou estranho e perguntou:
– Oi, Zé, a vaca não deu nada hoje?
– Deu, sim, seu Antônio, deu seis litros de leite e um coice.

O professor pergunta:
– Isabela, quem vende leite?
– É o leiteiro, professor.
– Muito bem, Mariazinha. Quem vende pão?
– É o padeiro, professor.
– Certíssimo. Joãozinho, agora é a sua vez. Quem vende carne?
– Moleza, mestre! É o carneiro.

***

Na véspera de uma prova, quatro alunos resolvem dar uma de espertos e planejam faltar no exame para viajar juntos.

Quando voltam, vão falar com o professor e contam uma mentira:
– Professor, fomos viajar, o pneu do carro furou, não conseguimos consertá-lo e, por conta disso tudo, nos atrasamos... Podemos fazer a prova?

O professor diz:
– Claro! Vocês podem fazer a prova amanhã.

Os alunos correram para casa e estudaram bastante.

No dia seguinte, o professor colocou cada aluno em uma sala e entregou a prova:
– Primeira pergunta, valendo meio ponto: quantos são 3 x 6?

Os quatro ficaram contentes, porque aquela pergunta era muito fácil e acharam que iam tirar a nota máxima. Aí viram a segunda questão:
– Segunda e última pergunta, valendo 9,5 pontos: qual pneu furou?

***

O que aconteceu com o ferro de passar roupa que caiu da mesa?
Ficou passando mal.

Duas caixas de leite atravessavam a rua. Passou um carro e atropelou as duas. Por que só uma caixa morreu?
Porque o leite da outra era longa vida.

* * *

Qual a diferença entre uma pulga e um elefante?
Um elefante pode ter pulgas, mas as pulgas não podem ter elefantes.

Qual é o cúmulo do erro?
Jogar uma pedrinha no chão e errar.

***

Qual é o cúmulo da paciência?
Encher um balde furado com uma mangueira entupida.

***

Um cara encontrou um amigo que adorava inventar coisas e perguntou para ele:
– E aí, Armando, o que você inventou desta vez?
– Eu inventei um objeto que permite que você veja através das paredes.
– Que legal! E como se chama esse objeto?
– Janela.

Três garotinhos contavam vantagem:
– Meu pai é muito grande! Tão grande que nem consegue passar pela porta!
– O meu é maior! – retrucou o segundo. – Ele é tão grande, mas tão grande, que pra fazer cesta no basquete ele tem que se abaixar!
Aí foi a vez do terceiro:
– Ah, mas o meu é maior! Ele é tão grande, mas tão grande, mas tão grande que não pode comer iogurte!
– Não pode comer iogurte? – perguntam os outros dois. – Como assim?
– É que um dia ele comeu e, quando o iogurte chegou ao estômago, já tinha passado o prazo de validade!

* * *

A professora ralhava com o Joãozinho:
– Joãozinho, a que distância você mora da escola?
– A três quarteirões, professora!
– E a que horas você sai de casa?
– Às sete e quinze, professora!
– Então, se você tem quarenta e cinco minutos para percorrer apenas três quarteirões, por que é que chega todo dia atrasado?
– É porque está cheio de placas com os dizeres: "Devagar, escola".

* * *

A professora explica para a classe:
– A baleia é um mamífero que vive na água e se alimenta de sardinhas.
E o Joãozinho pergunta:
– E como ela faz pra abrir as latas?

Dois pedreiros que sempre trabalhavam juntos foram contratados para construir uma casa para um sujeito muito rico, que morava nos Estados Unidos. O milionário pagou a passagem para eles, arranjou todos os detalhes e falou:

– Aqui estão as passagens; vocês embarcam amanhã. Nós nos encontramos no aeroporto.

No outro dia, bem cedo, os dois pegaram o avião. No meio da viagem o avião teve um problema e o piloto teve que mudar a rota, indo pousar no meio do deserto.

Quando o piloto abriu a porta, os pedreiros avistaram a paisagem e um deles olhou para o outro e disse:

– Amigo, quando chegar o cimento nós vamos ter trabalho que não acaba mais.

Depois de um acidente envolvendo a batida de uma lesma contra uma tartaruga, o policial chega e pergunta para a lesma:
– E aí, você poderia descrever a tartaruga que fez isso com você?
– Não sei dizer. Foi tudo tão rápido...

* * *

Um rapaz liga para a mãe:
– Oi, mãe, não estou gostando muito desse apartamento para onde me mudei.
– É mesmo, filho? Por quê?
– Os vizinhos são muito barulhentos. A vizinha do andar de cima não para de gritar. A vizinha do lado toda hora bate na parede. E a vizinha de baixo só chora, chora e chora.
– Meu Deus, filho, que horrível. Acho melhor você não ter contato com essa gente estranha.
– Também acho. E já estou sem contato desde que cheguei. Eu me tranco aqui dentro e fico o dia inteiro aprendendo a tocar bateria.

* * *

O que o galo disse sobre o pintinho?
– Este meu filho tem cada piada!

* * *

– Você sabe como se diz "árvore" em chinês?
– Não.
– É "tê". E floresta em chinês, como se diz?
– Tetetetetê.

No meio da selva estava um calor terrível, e no único mercado onde se podia comprar água havia uma fila quilométrica formada por um monte de animais.

Então, o coelho passa correndo ao longo da fila, mas, quando chega perto do leão, leva uma patada e ouve do rei da selva:

– Vai para o fim da fila, malandro!

O coelho se recompõe e segue em frente. Mais adiante, o elefante pega o coelho com a tromba e manda o coitado para o fim da fila.

Mais uma vez, ele se põe a correr e, de repente, leva uma mordida do jacaré. Cansado de ser agredido e mandado para o fim da fila, o coelho grita:

– Ei! Desse jeito não vou conseguir abrir o mercado!

***

Dois empregados de uma fábrica estavam conversando.

– Conheço uma maneira de conseguir uns dias de folga – disse um deles.

– E como você acha que conseguirá? – perguntou o outro.

Ele respondeu à pergunta demonstrando: subiu pelas vigas e pendurou-se de cabeça para baixo. Nesse momento o chefe entrou, viu o empregado pendurado lá em cima e perguntou:

– Ei, o que você está fazendo?

– Sou uma lâmpada – respondeu o sujeito.

– Hum, acho que você precisa de uns dias de folga – comentou o chefe. – Vá pra casa.

Ouvindo isso, o homem desceu da viga e se dirigiu para a porta. O colega foi saindo também, e o chefe puxou-o pelo braço e perguntou:

– Ei, aonde você pensa que vai?

– Para casa também. Não consigo trabalhar no escuro.

Um homem chega esbaforido e preocupado no chaveiro:
– Moço, me ajude, tranquei o carro com as chaves dentro!
– Ok, já vou até lá com você para resolver o seu problema.
– Não demore. Vai chover, e o meu carro é conversível.

* * *

Na galeria de arte, um homem escolhe um quadro:
– Gostei deste! Vou levar!
– O senhor fez uma ótima escolha. Essa tela me custou vinte anos de vida! – diz o pintor.
– Caramba! Vinte anos? Então deu um trabalhão! – diz o comprador.
O pintor completa:
– Nem me fale! Foram dois dias para pintar e o resto para conseguir vender.

O músico chega desesperado ao médico:
– Doutor, doutor, me ajude! Eu estava tocando e, sem querer, engoli a flauta.
– Calma, poderia ter sido pior. Já pensou se você tocasse piano?

***

O que o porco-espinho perguntou para o cacto?
– É você, mamãe?

A professora pediu aos alunos que fizessem uma redação sobre o leite.

No dia da entrega das redações, a professora recolhe os trabalhos e se depara com o texto do Joãozinho:

– Joãozinho, que história é essa? Todos os seus colegas fizeram uma redação com mais de duas páginas e você escreveu cinco linhas?

O Joãozinho fala:

– É que eu escrevi sobre o leite condensado, professora.

* * *

O Diego fala para um amiguinho:

– Ei, você quer ir à minha festa de aniversário no sábado?

– Oba, quero sim! Onde vai ser?

– Na minha casa. Quando você chegar, é só tocar a campainha com o nariz.

– Com o nariz? Por quê?

– Porque eu espero que você esteja com as mãos cheias de presentes.

* * *

O dono da festa pede silêncio e fala:

– Os convidados do noivo fiquem aqui do lado direito.

Um monte de gente se mexe, alguns passam para o lado direito e depois todos se acalmam.

O dono da festa continua:

– Agora, os convidados da noiva vão para o lado esquerdo.

Mais um monte de gente se mexe, alguns passam para o lado esquerdo da sala e depois todos se acalmam.

Aí o dono da festa fala:

– Quem não foi nem para o lado direito nem para o esquerdo pode ficar onde está. O resto pode ir embora, porque isto aqui é um batizado.

Um homem estava passeando na praia. Nisso, ele deu de cara com um pinguim.

Achou estranho aquele animal perdido por ali, mas continuou seu caminho. Olhou para trás e viu o pinguim vindo atrás dele, seguindo-o.

Apressava o passo, virava para a esquerda, para a direita, e nada de o bicho sair do seu encalço.

Até que encontrou um velho amigo.

– Eu não consigo me livrar desse pinguim. Há horas que ele está me seguindo.

– Ah, é fácil. Leve o bicho para o zoológico.

– É mesmo. Como não pensei nisso antes?

Uma semana depois, o homem e seu amigo se encontram novamente. O amigo repara que o pinguim continua a acompanhar o cara.

– Eu não falei para você levar o bicho para o zoológico? Por que você não fez o que lhe disse?

– Mas eu levei. Hoje eu o estou levando até o museu e amanhã vou levá-lo até o parque.

***

Um menino estava no fim de um corredor, que tinha três saídas. Na primeira, havia abelhas assassinas. Na segunda, um lago com tubarões. Na terceira, três leões mortos de fome. Por qual das três ele saiu?

Pela terceira, pois os leões já estavam mortos!

***

Por que a água foi presa?
Porque ela matou a sede.

O leão, o rei da selva, passa perto de uma raposa, levanta o animal pela cauda e pergunta:

– Quem é o rei da selva?

– É o senhor. Todo mundo sabe disso, seu leão.

O leão solta a raposa e passa por um macaco. Levanta o macaco do chão e pergunta a ele:

– Quem é o rei da selva?

– O meu reizinho é você, seu leãozinho.

O leão solta o macaco no chão e vai encontrando a tartaruga, o coelho, a hiena, o lobo, o avestruz. A todos repete a pergunta e sempre recebe a mesma resposta: que o leão é o rei da selva. Mais à frente, ele encontra um enorme elefante, segura a tromba dele e pergunta:

– Quem é o rei da selva?

O elefante dá aquela olhada lá de cima, enrola a tromba no leão e o joga contra uma pedra. Pega o leão outra vez, joga-o para cima e o animal cai no chão meio zonzo. Repete isso várias vezes, até que o leão, já sem forças, diz ao elefante:

– Tá bom, pode parar, pode parar! Já que você não sabe quem é o rei da selva, não precisa ficar assim tão nervoso...

A professora chama o Juquinha para uma conversa:
– Juquinha, lembra que eu pedi para você escrever uma redação com o tema "Meu cãozinho de estimação"?
– Lembro, sim, professora, e eu caprichei na minha.
– Caprichou, é? Acontece que a sua redação está igualzinha à da sua irmã.
– Lógico, professora! É o mesmo cachorro!

***

Um homem pinta uns quadros e convida um monte de gente para a exposição.
Chega uma pessoa, vê dois quadros e pergunta para o autor da obra:
– O que significa este quadro aqui, todo preto?
– É a noite.
– Ah, claro. E este outro aqui, todo branco?
– É a noite durante o dia.

Uma mulher vai saindo de casa logo cedo, para trabalhar, quando vê à porta o homem que conserta campainhas.
– Ah, que bom que a encontrei aqui! Vim consertar a sua campainha.
– Mas, moço, eu estava esperando o senhor ontem.
– Eu sei, moça. Estive aqui ontem e toquei a campainha. Como ninguém respondeu, fui embora.

***

Se estou segurando 10 maçãs em uma mão e 10 na outra, o que é que eu tenho?
Mãos enormes.

***

A professora pergunta para o Joãozinho:
– Joãozinho, qual é o animal que muda de cor?
– O semáforo, professora!

A professora percebe que o Joãozinho não para de coçar a cabeça. Preocupada, ela chega perto dele e pergunta:
– O que está acontecendo, Joãozinho? Por acaso você está com piolho?
– Estava, professora, mas não estou mais. Ele morreu.
– Ah, que bom, mas então por que ainda está coçando tanto a cabeça?
– É que os amigos dele vieram todos para o enterro.

***

Numa cidadezinha do interior, o telefone do médico toca. É um homem, ligando porque a esposa está para ter nenê.
O médico vai até a casa do casal, que era bem perto, e pede ao marido que espere do lado de fora do quarto, enquanto ele faz o parto.
O marido fica do lado de fora e escuta os gritos da mulher. Alguns minutos depois o médico sai do quarto, de onde se ouvem gritos cada vez mais fortes, e pede para o marido:
– O senhor teria um martelo?
Espantado, o homem vai até a garagem e traz um martelo. O médico pega a ferramenta e volta para o quarto. Alguns minutos depois, ele sai novamente e pergunta:
– O senhor, por acaso, não teria uma faca?
O marido empresta uma boa faca de churrasco ao médico, que volta ao quarto. Os gritos da mulher que estava dando à luz só aumentam.
Cinco minutos depois o médico sai de novo. Ele está com cara de chateado e pede uma chave de fenda e um alicate. Desta vez, o marido não se contém e pergunta:
– O que é que o senhor está fazendo com a minha mulher?
– Nada – responde o médico. – Ainda estou tentando abrir a minha maleta.

Joãozinho diz para o pai:

– Pai, pai, não quero ir para a escola.

– Por quê, meu filho?

– Primeiro, porque estou com sono; segundo, porque estou com preguiça; terceiro, porque as crianças dão risada de mim.

O pai fica bravo e diz:

– Joãozinho, você tem que ir à escola. Primeiro, porque é sua obrigação. Segundo, porque você tem 35 anos. Terceiro, porque você é o diretor do colégio.

Qual é o cúmulo de brincar de esconde-esconde?
Brincar sozinho e não encontrar ninguém.

* * *

A mãe entra na sala e vê o vidro da janela quebrado. Então, pergunta para os dois filhos:
– Quem fez isso?
– Foi o Gabriel – diz Rodrigo, apontando para o irmão.
A mãe pergunta de novo:
– E como ele fez isso?
– Ele se abaixou quando eu chutei a bola em cima dele.

A professora chega para o Joãozinho, trazendo a prova que ele tinha feito, e diz, brava:

– Joãozinho, você precisa entender algumas coisas. Primeiro, "rebanho" é um bando de quadrúpedes, e não um banho que a gente toma duas vezes. "Escola" é o lugar onde você estuda, e não uma cola que não gruda mais. E "mamão" é uma fruta, e não o contrário de boa mão.

***

A mãe vai ao médico, levando o filho que se recusa a comer. O médico começa por oferecer ao menino, gentilmente, toda sorte de guloseima: sorvete, chocolate, doces. Nada adianta. Com paciência, pergunta:

– O que é que você quer comer?
– Minhocas.

O médico providencia as minhocas e oferece-as ao menino.

– Crua, não! Quero minhoca frita!

O doutor manda fritar as minhocas.

– Só quero uma.

O médico joga fora as demais, deixando só uma.

– Você come a metade!

O médico, achando que o tratamento agora ia dar certo, fecha os olhos e come meia minhoca. O moleque desata a chorar.

– O que foi agora?
– Você comeu a minha metade!

***

Qual é o cúmulo do azar?
Cair de costas e quebrar o nariz.

Na escola, a Aninha fala para a professora:
– Professora, adivinhe o que aconteceu quando o Joãozinho pegou o estilingue dele e apontou para os vidros da janela da secretaria...

***

A mãe de Joãozinho está grávida. Então Joãozinho pergunta:
– Mãe, o que você tem na barriga?
– Seu irmãozinho, meu filho!
E Joãozinho diz:
– Você gosta dele?
– Tanto quanto amo você, meu filho!
– Então por que engoliu ele?

***

Como se chama o mosquito que pica a gente?
Não precisa chamar, ele vem sozinho.

***

Um homem pega uma foto na carteira e mostra para o amigo:
– Aqui está a fotografia dos meus dois filhos gêmeos.
– Mas estou vendo só um!
– Ah, é que, como eles são iguais, só tirei a foto de um!

***

Qual é o cúmulo da cópia?
Apagar o que se está escrevendo no caderno quando a professora apaga a lousa.

A mãe leva o filho ao médico:

– Doutor, este menino está com um problema muito sério. Ele faz xixi todo dia às sete horas.

– Mas isso é muito bom – diz o médico. – É sinal de que o corpo dele funciona como um relógio.

– Mas o problema, doutor, é que ele só acorda às oito.

A professora fala para o Joãozinho:
– Por favor, Joãozinho, desenhe uma bactéria.
– Eu já desenhei, professora.
– Mas a sua folha está em branco.
– É que a gente não consegue ver uma bactéria sem um microscópio.

* * *

Um menino viu que seu amigo, que era viciado em videogame, estava triste e lhe perguntou por que estava assim. O amigo respondeu:
– Estou passando por uma fase difícil.

* * *

Dois peixes conversam:
– O que o seu pai faz?
– NADA. E o seu?
– NADA também.

Toca o telefone na escola. Do outro lado da linha, uma pessoa fala:
– Alô, eu queria dizer que o meu filho não vai poder ir à aula.
A secretária da escola pergunta:
– Tudo bem, mas quem está falando?
– É o meu pai.

***

Um homem vai andando pela estrada montado num cavalo quando, de repente, o bicho empaca.

O sujeito puxa o animal pelo cabresto, empurra, bate com o chicote e nada. De repente, ele vê uma faixa: "Consertam-se cavalos". Ele vai andando até a oficina, procura o responsável, descreve o problema e o mecânico manda o ajudante acompanhar o dono do bicho para trazer o cavalo até a oficina.

Eles pegam um carro, chegam ao local e um guindaste levanta o cavalo, coloca-o sobre a carroceria e seguem todos para a oficina. Ao chegar lá, o dono da oficina fala para o ajudante:

– Bota o cavalo na rampa!

O guindaste coloca o cavalo na rampa. O dono da oficina pega uma raquete de tênis, chega perto do cavalo e dá uma bela raquetada no animal, que sai em disparada.

O dono do bicho, atônito com a eficiência do serviço, mas preocupado ao ver o cavalo já bem longe, pergunta:

– E agora? Como é que eu vou pegá-lo?

O dono da oficina olha para o ajudante e fala:

– Bota o homem na rampa!

O detetive mais famoso do mundo, Sherlock Holmes, e seu fiel assistente, o doutor Watson, vão acampar. Após jantar, eles vão para os sacos de dormir e caem no sono. Algumas horas depois, Holmes acorda, sacode o amigo e diz:

– Watson, olhe para o céu estrelado. O que você deduz disso?

Depois de ponderar um pouco, Watson diz:

– Bem, pelo que vejo, estimo que existam milhões de galáxias e potencialmente bilhões de planetas. Também dá para supor, pela posição das estrelas, que são cerca de 3h15 da madrugada. O que você me diz, Holmes?

Sherlock responde:

– Elementar, Watson, seu idiota! Alguém roubou nossa barraca!

Quatro homens estão subindo um monte de degraus, levando um piano até o décimo andar de um prédio. Insatisfeitos e muito cansados com a missão, um deles diz:

– Ei, por favor, alguém suba o restante e veja quantos andares faltam.

– Pode deixar, vou eu – diz um deles.

O homem sobe até o décimo andar e, no caminho, deduz:

– Bom, se eu subi seis andares, isso quer dizer que estamos no quarto andar.

Ele retorna e diz aos outros:

– Tenho duas más notícias.

– Diga-nos uma agora e a outra só quando chegarmos lá em cima.

– Tá bom. Faltam seis andares para chegar.

E assim foi. Os homens, muito cansados, chegaram até o décimo andar e um deles pergunta:

– Então, qual era a outra má notícia?

– A outra má notícia é que estamos no prédio errado.

***

Um elefante e uma formiga andavam pelo deserto.

O elefante: bum, bum, bum...

A formiguinha: pim, pim, pim...

O elefante: bum, bum, bum...

A formiguinha: pim, pim, pim...

Certa hora, a formiga dá uma olhada para trás, depois vira-se para o companheiro e diz:

– Elefante!

– O quê?

– Dá uma olhada na poeira que *nós* estamos levantando!

Um menino pulou o muro da casa do vizinho para roubar mangas. Subiu na mangueira e, de repente, o vizinho aparece e o pega no flagra:
– Seu menino sem-vergonha, safado, ladrãozinho, quando o seu pai chegar, eu vou contar tudo pra ele!
O menino responde:
– Ah, então aproveita que ele está aqui no outro galho!

Um sujeito pede um frango em um restaurante e logo depois chama o garçom para reclamar:
– Este frango está malpassado!
E o garçom:
– Mas como você sabe, se nem encostou nele?
– É que ele comeu todo o milho da minha salada!

***

Um senhor encontra seis homens iguaizinhos. Surpreso, ele pergunta:
– Uau! Seis gêmeos. Nunca tinha visto isso. Os pais de vocês devem ter tido muito trabalho.
Um deles responde:
– Não somos gêmeos. Eu sou um cientista. A máquina de fazer clones estava com defeito.

A vovó, brava, fala com o neto:
– Carlinhos, por que você atirou o brinquedo na cabeça do seu primo?
– Vó, ele me beliscou!
– E por que você não me chamou?
– Pra quê? A senhora não iria acertar nada...

* * *

A professora pergunta ao Joãozinho:
– O que o seu pai faz?
– Ele está desempregado, professora.
A professora pergunta novamente:
– O que ele faz quando não está desempregado?
– Ele caça elefantes na Floresta Amazônica.
– Mas não tem elefante na Floresta Amazônica!
– Então... É por isso que ele está desempregado!

Conheça outros livros do autor

WWW.MATRIXEDITORA.COM.BR

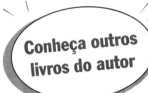

A CAIXA MÁGICA DE PERGUNTAS PARA CRIANÇAS

"Se você pudesse dar um nome para um planeta, que nome daria a ele?"; "Do que você tinha medo antes, mas não tem mais medo agora?". Com questões como essas, *A Caixa Mágica de Perguntas para Crianças* vai instigar a imaginação de meninos e meninas e estimular a conversação entre eles e com os adultos. Um livro em forma de caixa, com 40 perguntas inteligentes e divertidas. Experimente a magia de um delicioso bate-papo.

A FANTÁSTICA FÁBRICA DE HISTÓRIAS PARA CRIANÇAS

Histórias engraçadas, temas variados, fatos inusitados. Em cada cartão dentro dessa caixa você vai encontrar o início de uma história. Dê para a criança ler ou leia para ela. Depois, cada um vai continuar do jeito que quiser.

O PRATO DE TRIGO DO TIGRE

O autor dos mais famosos livros de piadas para crianças agora traz um divertido desafio, com essa seleção de trava-línguas. Trava-línguas são frases ou versos da nossa cultura popular em forma de um jogo verbal. Como possuem muitas sílabas de sons parecidos, é preciso muito treino e atenção para lê-los em voz alta, sem tropeços. Daí o nome: "trava-línguas". Será que a sua vai travar na hora de ler? Sozinho ou com os amigos, vai ser uma gostosa brincadeira.

JOGO DA MEMÓRIA – TABUADA

Paulo Tadeu misturou tabuada e jogo da memória. O resultado é uma divertida forma de fazer as crianças se entreterem com os números. Brincar nunca foi tão instrutivo. Esse minilivro em forma de caixa contém 200 cartas coloridas que identificam as multiplicações e resultados da Tabuada dos números 1 ao 10.